Les Puces – L'anglais pour les enfants

Notre cours hybride
qui vient par la poste et en ligne

Un livre bilingue, des feuilles de travail et un projet livré par la poste. Un portail en ligne avec des vidéos et des matériaux pédagogiques à télécharger.

Consultez notre site web sur
www.lespuces.co.uk

Reprinted (version 2) December 2021
First published by Les Puces Ltd in Jan 2016
ISBN 978-0-9931569-8-4
© 2016 Les Puces Ltd
www.lespuces.co.uk
Original artwork © Jan 2016 France de la Cour & Les Puces Ltd

Également disponible chez Les Puces

Consultez notre boutique en ligne sur www.lespuces.co.uk

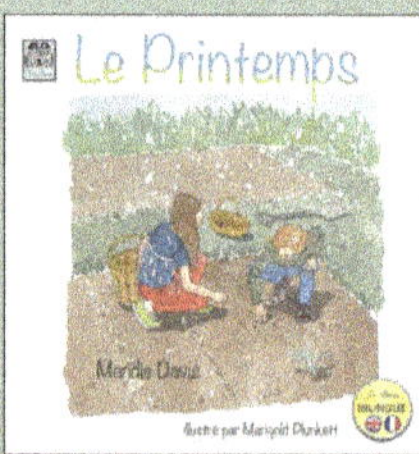

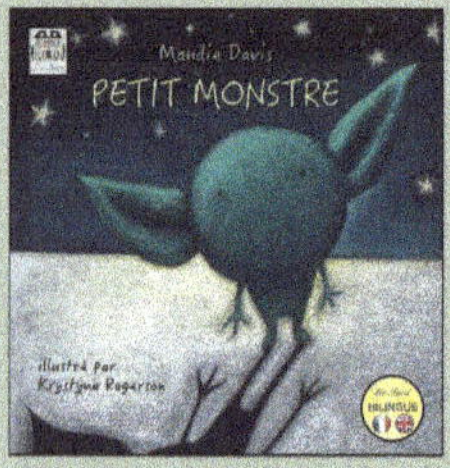

Mandie Davis

Petit Paul
veut devenir un pompier

illustré par

France de la Cour

'A mes frères Laurent et Alexis'

Avec nos remerciments aux pompiers de Centre d'incendie de secours, Cognac.

21 + + = 28   14 − 9 = 10   4+3+ 7

2+1 = 3   3+5 = 8   8 +11 =   19

1×6=

2×6=

Petit Paul veut devenir
un pompier, mais de
quoi a-t-il besoin?

Il a besoin d'une veste épaisse et imperméable, avec des bandes fluorescentes !

21 + ? = 28   19 − 9 = 10   4+3+ 7
2 +1 = 3   3+5 = 8   8+11 =   19

1×6=
2×6=

Est-ce que c'est tout ?
Bien sûr que non ! Alors,
de quoi d'autre a-t-il
besoin ?

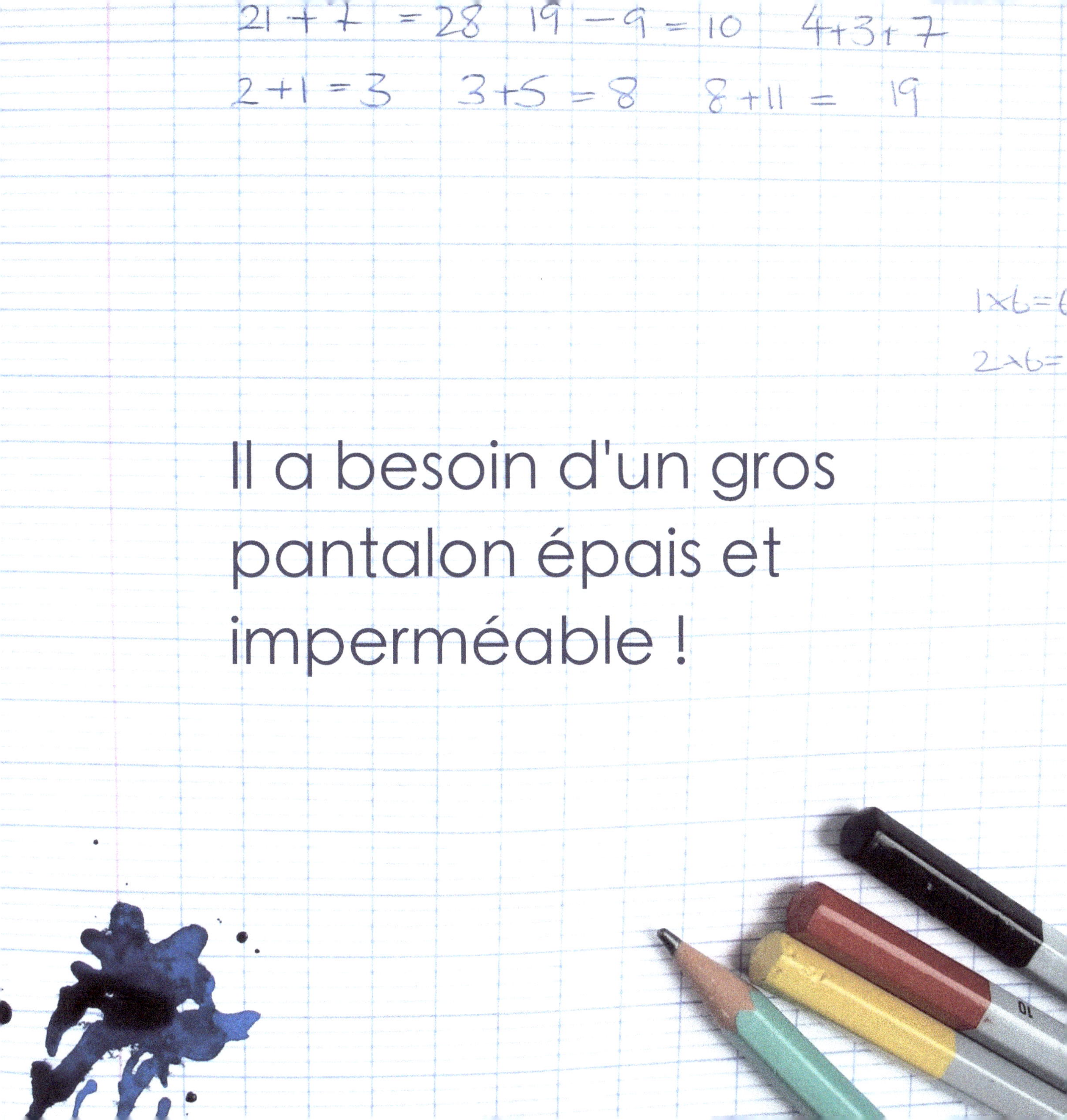

Il a besoin d'un gros pantalon épais et imperméable !

$21 + 7 = 28$ $19 - 9 = 10$ $4 + 3 + 7$

$2 + 1 = 3$ $3 + 5 = 8$ $8 + 11 = 19$

$1 \times 6 =$

$2 \times 6 =$

Waouh, c'est chouette !
Et c'est tout ? Non !
Qu'est-ce qu'il lui faut
pour les pieds ?

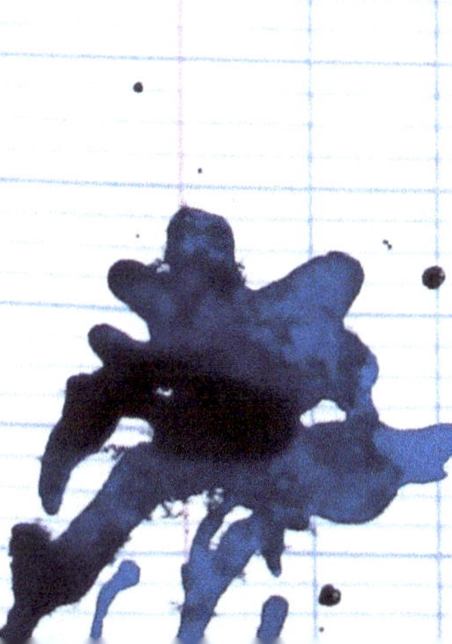

$21 + 7 = 28 \quad 19 - 9 = 10 \quad 4 + 3 + 7$

$2 + 1 = 3 \quad 3 + 5 = 8 \quad 8 + 11 = 19$

$1 \times 6 =$

$2 \times 6 =$

Et bien, c'est simple !
Il lui faut une paire
de chaussettes bien
chaudes !

2] + 7 = 28   19 − 9 = 10   4+3+7
2 + 1 = 3   3+5 = 8   8 + 11 =   19

1×6=
2×6=

Regarde-le bouger
ses orteils ! Est-ce
que toi aussi tu peux
bouger tes orteils ?

Il va avoir besoin d'une bonne paire de bottes ! Est-ce que tu as de belles bottes ?

Alors, Petit Paul est-il
dejà un pompier ?
Non ! Pas encore !
Je me demande de
quoi d'autre il a besoin.

Un casque ! Génial !
Celui-ci est jaune.
Qu-en penses-tu ?
Tu l'aimes ?

EPS 25

Regarde comme il est content ! Maintenant on y est presque ! Mais qu'est-ce qu'il faut d'autre pour devenir un pompier ?

Un tuyau d'incendie bien sûr ! C'est marrant ! As-tu dejà utilisé un tuyau ?

Oh non ! Il aura les mains
froides et mouillées.
Qu'est-ce qu'il lui
manque ?

Des gants !

Alors, est-il un pompier
maintenant ? Non ?
La dernière chose
dont Paul a besoin
est... peux-tu deviner ?

Un camion de pompier avec une sirène. C'est son préféré ! Peux-tu faire le bruit d'une sirène ? Pin-pon, pin-pon, pin-pon, pin-pon !

Bravo ! Petit Paul ressemble à un vrai pompier maintenant. Regarde-le ! Et toi, veux-tu devenir un pompier ?

le pull
the jumper
le casque
the helmet
la chemise
the shirt
le t-shirt
the T-shirt
la veste
the jacket
le gant
the glove
le pantalon
the trousers
la robe - the dress
la jupe - the skirt
la botte
the boot
la chaussette
the sock
la chaussure
the shoe

la tête
the head
le chapeau
the hat
le bras
the arm
le corps
the body
la main
the hand
le tuyau
d'incendie
the fire hose
la jambe
the leg
le camion de
pompier
the fire-engine
le pied
the foot
le pompier
the firefighter

Well done! Little Paul
looks like a real firefighter
now. Look at him! What
about you? Would you
like to be a firefighter?

EPS 25
SAPEURS POMPIERS
18
180E34

A fire-engine with a
siren. It's his favourite
thing. Can you make
the noise of a siren?
Nee naw, nee naw,
nee naw, nee naw!

EPS 25
Camiva
SAPEURS POMPIERS
CHARENTE
18

So is he a firefighter now?
No? The last thing Little
Paul needs is... can you
guess?

Some gloves!

Oh no! He will have
cold, wet hands.
What is he missing?

A fire hose of course!
This is fun! Have you
ever used a hose?

Look how happy he is! Now he is almost there, but what else does he need to become a firefighter?

EPS 25

A helmet. Brilliant!
This one is yellow.
What do you think?
Do you like it?

So, is Little Paul a firefighter yet? No, not yet! I wonder what else he needs?

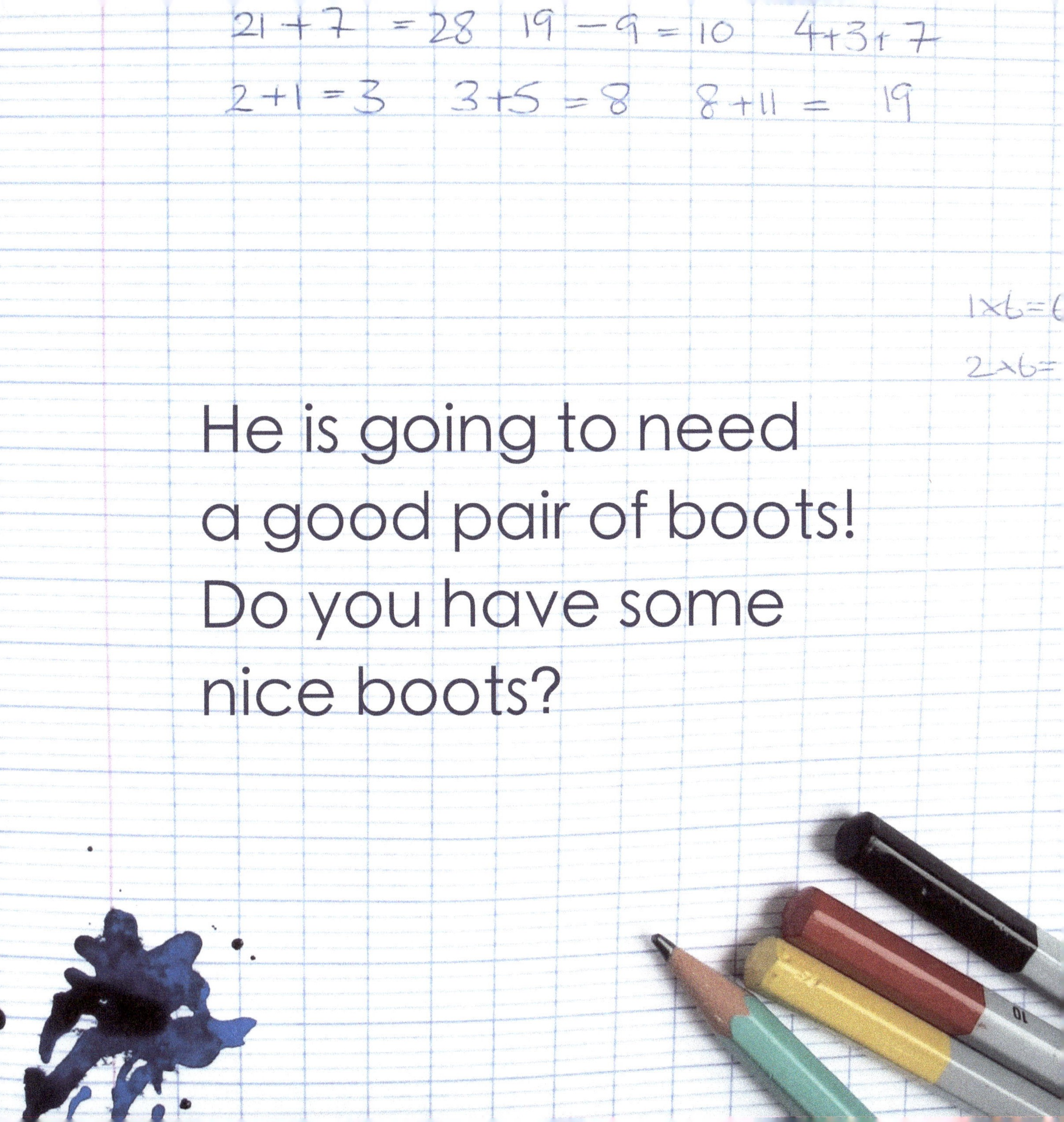

21 + 7 = 28   19 - 9 = 10   4+3+7
2 + 1 = 3   3+5 = 8   8+11 =   19
1x6=6
2x6=
He is going to need
a good pair of boots!
Do you have some
nice boots?

21 + 7 = 28   19 - 9 = 10   4+3+7
2+1 = 3   3+5 = 8   8 +11 =   19
1x6=6
2x6=
Look at him moving his toes! Can you wiggle your toes too?

Well that's easy! He needs a warm pair of socks.

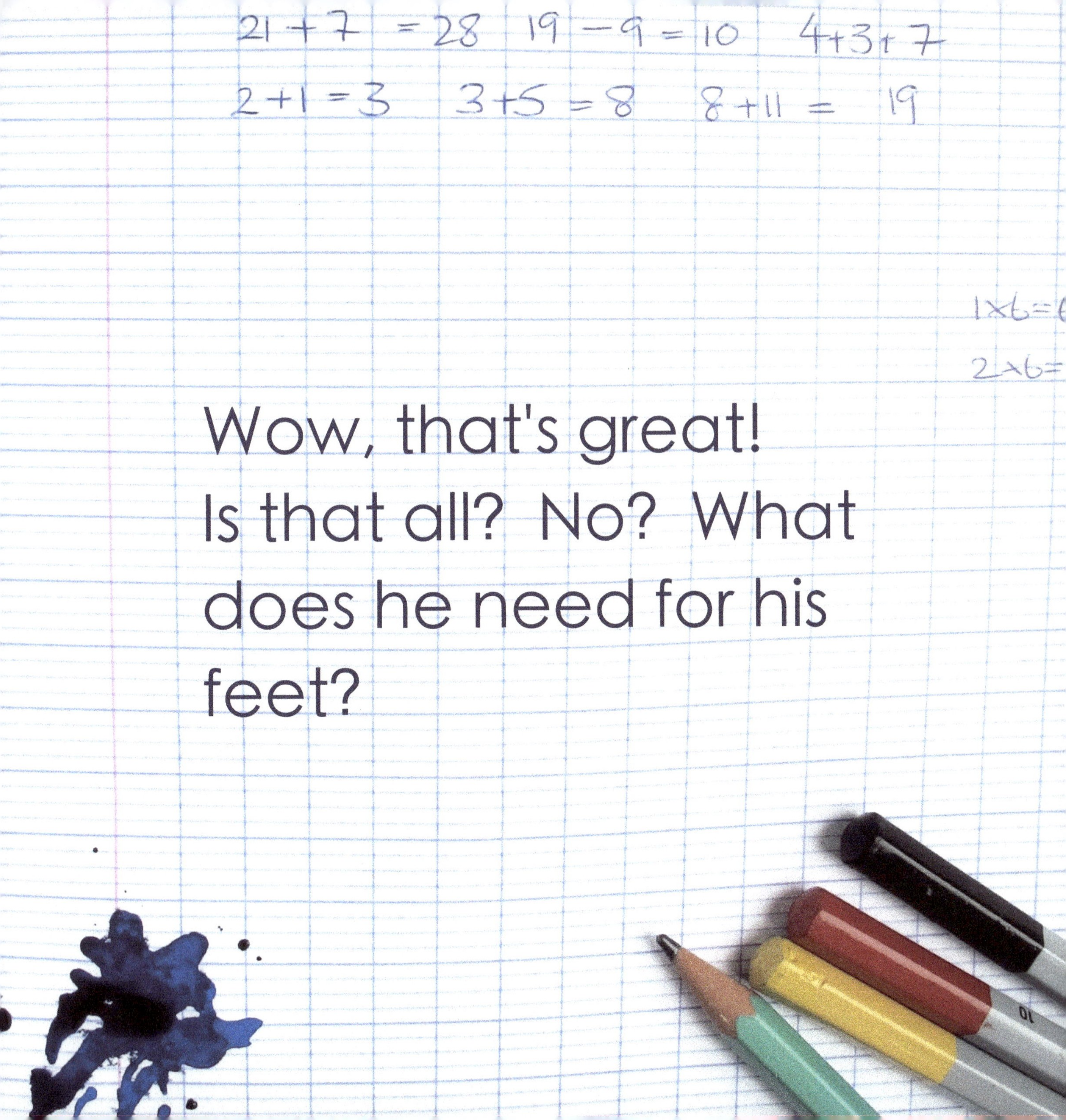

Wow, that's great!
Is that all? No? What
does he need for his
feet?

He needs a big, thick pair of waterproof trousers!

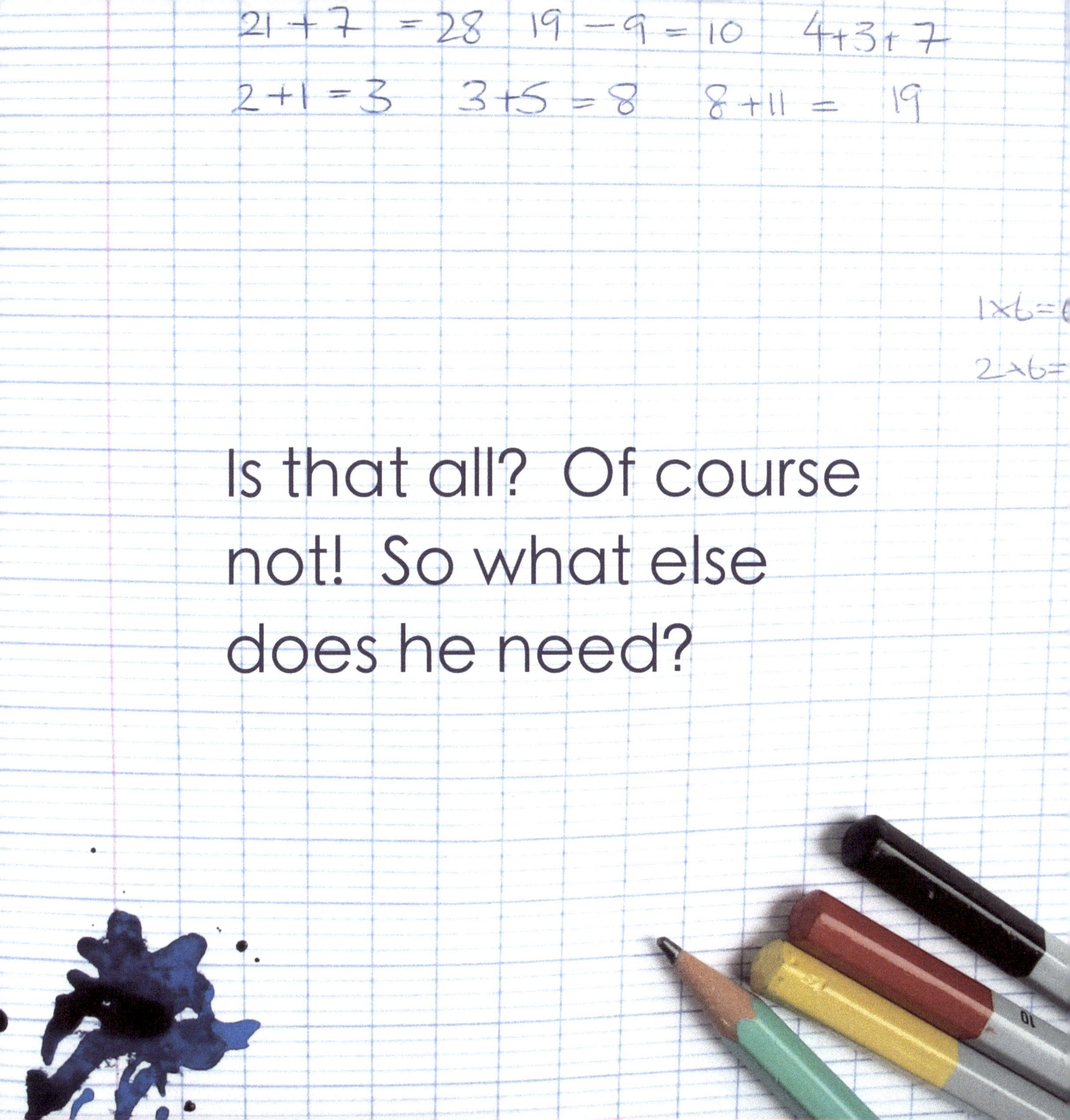

Is that all? Of course not! So what else does he need?

He needs a thick waterproof jacket with reflective bands!

21 + 7 = 28   19 − 9 = 10   4 + 3 + 7
2 + 1 = 3   3 + 5 = 8   8 + 11 =   19
1×6 = 6
2×6 =
Little Paul wants to
be a firefighter, but
what does he need?

Mandie Davis

Petit Paul

wants to be a firefighter

illustrated by

France de la Cour

'To my brothers Laurent et Alexis'

With thanks to all the
firefighters at the Centre
for Fire and Rescue,
Cognac.

Also available from Les Puces

Visit the shop on our website at www.lespuces.co.uk

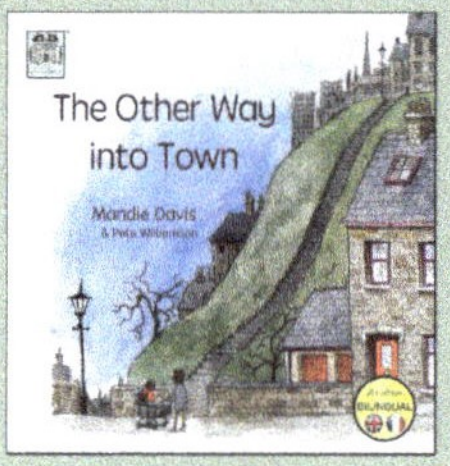

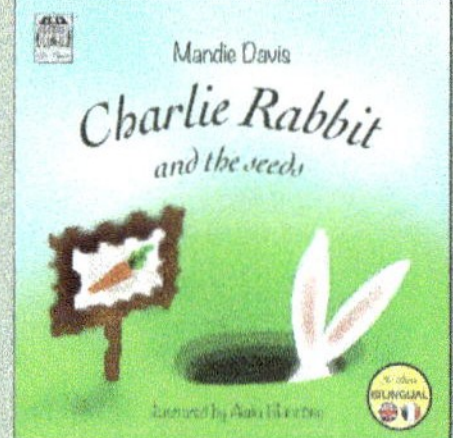

Les Puces - French for kids

Our Hybrid course
in the post and online!

A bilingual book, project, worksheets and progress card delivered by post, supported by online acess to teaching videos. Listen to the story, sing the song and download additional material.

Visit our website!
www.lespuces.co.uk

Reprinted (version 2) December 2021
First published by Les Puces Ltd in Jan 2016
ISBN 978-0-9931569-8-4
© 2016 Les Puces Ltd
www.lespuces.co.uk
Original artwork © Jan 2016 France de la Cour & Les Puces Ltd